Timișoara

Ad Libri

fotografii / photo
© FLORIN ANDREESCU

text / text
DANA CIOLCĂ

English translation
ALISTAIR IAN BLYTH

Editat © AD LIBRI
tel: 021-212.35.67, 0722-527 876
e-mail: adlibri@adlibri.ro
www.adlibri.ro
www.florinandreescu.com

Descriere CIP a Bibliotecii Naționale a României
Timișoara / fotografii: Florin Andreescu; text: Dana Ciolcă
English translation: Alistair Ian Blyth
București: AD LIBRI, 2023
ISBN 978-606-051-014-7

913

Timișoara

Ad Libri   Florin ANDREESCU

Timișoara

Timișoara, considerată capitala provinciei istorice Banat, este cel mai important centru urban din vestul țării, un oraș multietnic și multiconfesional, cu un valoros patrimoniu arhitectural și o viață culturală dinamică.

Atestată documentar în secolul al XIII-lea, Timișoara a fost sute de ani motiv de dispută între imperiile din Europa Centrală și Imperiul Otoman. În 1918, Banatul și-a proclamat însă unirea cu România, fapt care a avut loc un an mai târziu, odată cu intrarea trupelor românești în oraș.

Apropierea de principalele centre urbane din Europa a făcut din Timișoara un oraș progresist, locul mai multor premiere naționale și europene. Timișoara a fost primul oraș din România care a avut străzile iluminate cu gaz (1857), primul în care a circulat tramvaiul tras de cai (1869) și primul oraș european în care s-a introdus, în 1884, iluminatul electric al străzilor. La aceste premiere tehnologice se adaugă și una în plan politic. În urma unor proteste de amploare, pe 20 decembrie 1989, Timișoara s-a proclamat liberă de comunism, marcând începutul revoluției care a dus la căderea regimului lui Nicolae Ceaușescu.

Inima Timișoarei, cartierul Cetate, urmașul cetății militare construite de austrieci între anii 1732 și 1760, păstrează în mare parte structura urbanistică riguroasă, realizată începând cu secolul al XVIII-lea, și caracterul unitar al orașelor baroce, fapt care i-a adus supranumele de Mica Vienă.

Clădirile care înconjoară Piața Unirii, timp de secole locul evenimentelor religioase, politice și culturale, formează cel mai important ansamblu baroc din secolul al XVIII-lea din țară. Spiritul deschis al Timișoarei este demonstrat de construirea aici a catedralelor celor două confesiuni predominante din oraș, romano-catolică și ortodoxă: Domul Romano-Catolic (1736-1774), realizat de maestrul barocului vienez, Joseph Emanuel Fischer von Erlach, privește spre Catedrala Ortodoxă Sârbă (1745-1748), parte a unui complex care înglobează și elegantul Palat Episcopal, cu o elaborată fațadă în stil eclectic, cu influențe bizantine.

La sud de Piața Unirii se întinde Piața Libertății. Amenajată probabil pe locul pieței orașului medieval, a adăpostit începând din secolul al XVIII-lea mai multe clădiri cu funcție militară, dintre care se mai păstrează fostul Generalat (1727), fosta Cancelarie de Război (ridicată în 1727) și Cazinoul Militar (1744-1775). În mijlocul pieței tronează statuia Sfintei Maria și a Sfântului Nepomuk (1753-1756). La doi pași de Piața Libertății se află Sinagoga din Cetate (1863-1865), proiectată în stil eclectic istorist de arhitectul vienez Carl Schumann. Decorațiunile maure, la modă în epocă, amintesc de evreii sefarzi (spanioli), stabiliți la Timișoara în perioada stăpânirii otomane. Comunitatea sefardă și cea așkenază număra în perioada interbelică circa 1 200 de persoane.

Amenajată la sfârșitul secolului al XIX-lea, după demolarea fortificațiilor orașului (din care s-a păstrat doar Bastionul Maria Theresia), Piața Victoriei, cunoscută și ca Piața Operei, este flancată de clădiri emblematice, precum Palatul Culturii (Opera), care adăpostește în spatele fațadei cu accente neobizantine, reconstruită în 1933 de arhitectul Duiliu Marcu, Opera, Teatrul

Naţional, Teatrul German de Stat şi Teatrul Maghiar Gergely Csiky. De la balconul Palatului Culturii, pe 20 decembrie 1989, Timişoara a fost declarată primul oraş liber din România. La capătul sudic al Pieţei Victoriei se înalţă zveltă Catedrala Mitropolitană, construită între anii 1936 şi 1946 în stil moldovenesc, cu elemente eclectice. Este a doua cea mai înaltă biserică din România (90,5 m) şi printre cele mai încăpătoare, putând adăposti peste 5 000 de persoane. Laturile de est şi de vest ale Pieţei Victoriei sunt ocupate de impozante palate în stil Secession, multe proiectate de László Székely, supranumit arhitectul Timişoarei moderne.

La patrimoniul construit al oraşului se adaugă numeroasele clădiri în stil eclectic istoricist, construite în a doua jumătate a secolului al XIX-lea, şi ansamblurile de arhitectură în stil Secession, ridicate la începutul anilor 1900, în cartierele Fabric, Elisabetin şi Iosefin, dezvoltate începând cu secolul al XVIII-lea în afara cetăţii, la est, sud şi respectiv sud-vest de aceasta.

Peisajul urban al Timişoarei este completat de râul Bega, primul canal navigabil construit pe teritoriul actual al României. Pe malurile sale au fost amenajate promenade, piste pentru biciclete, locuri de agrement, zone comerciale, piscine, buzunare de vegetaţie şi mai multe parcuri. Parcul Rozelor a fost înfiinţat în 1891, cu ocazia Expoziţiei Industriale şi Agricole, şi folosit pentru prezentarea colecţiilor de trandafiri de către floricultorii bănăţeni care, potrivit documentelor vremii, produceau în anii 1930 aproape o jumătate de milion de exemplare din 2 000 de specii. Astăzi în Parcul Rozelor cresc circa 10 000 de trandafiri din 600 de specii.

Datorită structurii sociale complexe, multietnice, şi a numărului mare de studenţi, care învaţă la universităţile cu tradiţie de aici, Timişoara are o viaţă culturală bogată, care gravitează în jurul Muzeului Naţional al Banatului, Muzeului de Artă, Operei, Filarmonicii Banatului şi celor trei teatre, în limba română, în limba germană şi în limba maghiară. Viaţa culturală a Timişoarei este însă mult mai ofertantă şi a fost stimulată de alegerea oraşului Capitală Europeană a Culturii în 2023.

Datorită patrimoniului său arhitectural extraordinar, pe care îl pune în valoare din ce în ce mai bine, vitalităţii culturale şi spiritului progresist, tolerant, dar şi intransigent etic al locuitorilor săi – spiritul Timişoarei, cum este cunoscut –, oraşul de pe Bega este unul dintre cele mai interesante oraşe din România.

Timișoara

Timișoara, the capital of the historical province of the Banat, is the largest urban centre in western Romania, a multi-ethnic and religiously diverse city with an outstanding architectural heritage and dynamic cultural life.

First mentioned in documents dating to the thirteenth century, Timișoara was for centuries fought over by the kingdoms of Central Europe and the Ottoman Empire. In 1918 the Banat proclaimed its unification with the Kingdom of Romania, with Romanian troops setting their seal on the decision when they entered the city the following year.

Historically, its proximity to Europe's large urban centres has made Timișoara a progressive city, the site of many national and European firsts. For example, in 1857 Timișoara became the first city in the territory of what is now Romania to have gas street lighting, in 1869 it was the first in the region to introduce horse-drawn trams, and in 1884 it was the first city in Europe to introduce electric street lighting. On 20 December 1989, Timișoara was the first city in Romania to proclaim itself free of communism, marking the beginning of the Revolution that led to the downfall of the Ceaușescu régime.

The heart of Timișoara is the Cetate quarter, originally a fortress built by the Austrian military between 1732 and 1760. In large part the city preserves the structure of its early-eighteenth-century urban planning and Baroque architecture, earning it the sobriquet of 'the Little Vienna'.

The buildings that surround Piața Unirii, for centuries the centre of the city's religious, political, and cultural life, form Romania's most significant ensemble of Baroque architecture. Timișoara's spirit of openness is here demonstrated by the coexistence of two cathedrals representing the city's two main Christian denominations, the Roman Catholic and the Orthodox: the Roman-Catholic Duomo (1736-74), designed by Viennese Baroque architect Joseph Emanuel Fischer von Erlach, faces the Serbian Orthodox Cathedral (1745-48), part of a complex that includes the Episcopal Palace with its elegant Byzantine-influenced eclectic façade.

South of Piața Unirii stretches Piața Libertății. Situated on what had likely been the square of the mediaeval town, the plaza was from the eighteenth century the site of a number of military buildings, of which are preserved the General's Office (1727), the Chancellery of War (1727), and the Military Casino (1744-1775). In the middle of the plaza stands the statue of St Mary and St Nepomuk (1753-1756). A stone's throw from Piața Libertății can be found the Cetate Synagogue (1863-1865), designed in the historicist eclectic style by Viennese architect Carl Schumann. The Moorish ornaments, fashionable in their day, are a reference to the Spanish culture of the Sephardi Jews who settled in Timișoara during the period of Ottoman rule. In the interwar period Timișoara's Sephardi and Ashkenazi community numbered around one thousand two hundred.

Laid out in the late-nineteenth century after the demolition of the city's fortifications, of which only the Theresia Bastion has been preserved, Piața Victoriei, also known as Opera Plaza, is flanked by a number of emblematic buildings: the Palace of Culture (Opera), which, behind its neo-Byzantine façade, redesigned in 1933 by architect Duiliu Marcu, houses the Opera, the

National Theatre, the German State Theatre, and the Gergely Csiky Hungarian Theatre. On 20 December 1989, from the balcony of the Palace of Culture, Timișoara was proclaimed Romania's first free city. At the southern end of Piața Victoriei towers the slender form of the Metropolitan Cathedral, built between 1936 and 1946 in the Moldavian style with eclectic details. At just under three hundred feet high, it is Romania's second tallest church and among the most capacious, with room for more than five hundred worshippers. On the eastern and western sides of Piața Victoriei stand magnificent Secession buildings, many of them designed by László Székely, known as the architect of modern Timișoara.

The architectural heritage of Timișoara also includes numerous buildings in the historicist eclectic style, dating from the second half of the nineteenth century, and architectural ensembles in the Secession style, dating from the turn of the twentieth century, to be found in the Fabric, Elisabetin, and Josefin quarters, which developed from the eighteenth century to the east, south, and south-west of the Cetate respectively.

No account of Timișoara's cityscape would be complete without a mention of the River Bega, the first navigable canal to be built on the territory of what is now Romania. Along its banks can be found promenades, cycle lanes, recreational facilities, shopping areas, swimming pools, pockets of vegetation, and a number of parks. Roses Park was founded in 1891 for the Exhibition of industry and agriculture, with the object of presenting the collections of roses grown by the horticulturalists of the Banat. In the 1930s, the horticulturalists of the Banat produced almost half a million roses from two thousand species. Today, in Roses Park grow around ten thousand roses from six hundred species.

Thanks to its complex multi-ethnic social structure and the large number of students studying at the city's universities, Timișoara has a rich cultural life, centred on the National Museum of the Banat, the Museum of Art, the Opera, the Banat Philharmonic, and the three Romanian, German, and Hungarian theatres. Timișoara's cultural life reflects its identity and was the major factor in its being chosen as European Capital of Culture 2023.

Thanks to its outstanding architectural heritage, cultural vitality, and the progressive, tolerant spirit of its inhabitants, which combines with their intransigent sense of right and wrong—the Timișoara spirit, as it is known—the city on the Bega is one of Romania's most interesting cities.

Paginile anterioare: Casele Canonicilor, ansamblul de clădiri de pe latura nordică a Pieței Unirii, datând probabil din prima parte a secolului al XVIII-lea, au avut până în 1844 o fațadă unitară.

Previous pages: The Houses of the Canonicals, a complex on the north side of Piața Unirii, probably dating from the first half of the eighteenth century, had a uniform front until 1844.

Monumentala clădire a Palatului Vechii Prefecturi (1733), cunoscută drept Palatul Baroc, găzduiește în prezent Muzeul de Artă. Din valoroasa colecție a acestuia fac parte lucrări de artă bănățeană și europeană veche și contemporană.

The magnificent Palace of the Old Prefecture (1733), known as the Baroque Palace, now houses the city's Art Museum. The museum's collection holds old and contemporary pieces from the Banat and Europe.

În mijlocul Pieței Unirii tronează Monumentul Sfintei Treimi sau Coloana Ciumei (1740), închinat victimelor epidemiei din 1738-1739, care a ucis circa 1 000 din cei 6 000 de locuitori ai orașului. Printre statuile de pe soclul monumentului se află și cea a Sfântului Ioan Nepomuk – patronul Banatului.

In the middle of Piața Unirii stands the Holy Trinity Monument or Plague Column (1740), dedicated to victims of the epidemic of 1738-39, which claimed the lives of around a thousand of the city's six thousand inhabitants. The statues at the base of the monument include the figure of St John Nepomuk, the patron saint of the Banat.

Unul dintre reperele Pieței Unirii este Domul Romano-Catolic (1736-1774), construit după un proiect semnat de Joseph Emanuel Fischer von Erlach, maestrul barocului vienez.

One of the landmarks of Piața Unirii is the Roman-Catholic Duomo (1736-74), designed by Joseph Emanuel Fischer von Erlach, a master of the Viennese Baroque.

Piața Unirii, nucleul inițial al orașului, are pe latura de nord un valoros ansamblu de clădiri baroce (Casele Canonicilor) din secolul al XVIII-lea. Numită odinioară Hauptplatz sau Piața Mare, aceasta este de secole scenă a evenimentelor religioase, politice și culturale din Timișoara.

On the north side of Piața Unirii, the city's original nucleus, there is a priceless ensemble of Baroque buildings (the Houses of the Canonicals), dating from the eighteenth century. Formerly named the Hauptplatz, the plaza has for centuries been at the centre of Timișoara's religious, political and cultural events.

Complexul Episcopiei Sârbe, ridicat pe o latură a Pieței Unirii, înglobează Palatul Episcopiei Ortodoxe Sârbe și Catedrala Ortodoxă Sârbă. Palatul Episcopiei a fost construit între anii 1745 și 1748 și modificat și extins la începutul secolului XX de arhitectul timișorean László Székely, care i-a înlocuit fațada în stil baroc cu una în stil eclectic, cu influențe bizantine.

The Serbian Bishopric, a complex that stands on one side of Piața Unirii, includes the Palace of the Serbian Orthodox Bishopric and the Serbian Orthodox Cathedral. The Palace of the Bishopric was built in 1745-48 and extended and altered at the beginning of the twentieth century, when local architect László Székely replaced the Baroque with a Byzantine-influenced eclectic façade.

Altarul Catedralei Ortodoxe Sârbe (1744-1747), cu hramul Înălțarea Domnului

The altar of the Serbian Orthodox Cathedral (1744-7), dedicated to the Ascension.

Casa Brück, una dintre bijuteriile arhitecturale din Piața Unirii, a fost construită în 1910, în stil Secession, după planurile arhitectului László Székely. Numele și inițialele de pe fațadă amintesc de primul proprietar, Salamon Brück. Farmacia care funcționează la parter păstrează o parte din decorul de la începutul secolului trecut. Pe locul actualei clădiri a funcționat o farmacie încă din 1898.

The Brück House, one of the architectural jewels of Piața Unirii, is a Secession building dating from 1910, designed by László Székely. The name and initials on the façade are a reminder of the first owner, Salamon Brück. The pharmacy on the ground floor preserves a part of the original furniture from the early twentieth century. There has been a pharmacy on this site since 1898.

Renovările minuţioase din ultimii ani au scos la iveală rafinatele detalii arhitecturale ale clădirilor vechi ale Timişoarei: vazoane cu forme sinuoase sau strict geometrice, panouri decorative, medalioane, frize şi ancadramente încorporând motive vegetale şi antropomorfe, compoziţii eclectice, mascaroane şi piese unice de feronerie, cu motive de inspiraţie mitologică, zoomorfă sau marină, toate de o incontestabilă valoare estetică.

Meticulous renovation work in recent years has brought to light the refined architectural details of Timişoara's old buildings: sinuous or geometrical vases, decorative panels, medallions, friezes and frames incorporating vegetal and anthropomorphic motifs, eclectic compositions, mascarons, and unique wrought iron items with motifs inspired by mythology or land and sea creatures, all of unquestionable aesthetic worth.

Paginile următoare: Casa Brück, Casa „La Trei Husari" şi Casa „La Elefant"

Overleaf: The Brück House, At the Sign of the Three Hussars, and At the Sign of the Elephant

Palatul Episcopiei Ortodoxe Sârbe (1745-1748), printre cele mai frumoase clădiri ale Timișoarei

Casa Solderer (1739-1744), de la colțul străzilor Vasile Alecsandri și Eugeniu de Savoya, a fost una dintre cele mai mari clădiri particulare din secolul al XVIII-lea.

The Serbian Episcopal Cathedral (1745-8) is one of Timișoara's most beautiful buildings.

The Solderer House (1739-44), on the corner of Strada Vasile Alecsandri and Strada Eugene de Savoy, was one of the largest private buildings of its time.

Somptuoasa Casă „La Elefant", botezată după celebrul han cu același nume, care a funcționat aici în secolul al XIX-lea. Datând din anul 1785, a căpătat fațada actuală, în stil eclectic, în anii 1980, când a fost modificată după planurile arhitectului Șerban Sturza.

The resplendent At the Sign of the Elephant was a famous inn in the nineteenth century. Dating from 1785, its current eclectic front was designed by architect Șerban Sturdza in the 1980s.

Palatul Băncii de Scont din Piața Unirii, construit în 1909, după planurile arhitecților Marcell Komor și Dezső Jaka, în stilul Secession

The Secession-style Palace of the Banca di Sconto on Piața Unirii, dates from 1909 and was designed by Marcell Komor and Dezső Jaka.

Piețele și străzile pietonale din Timișoara sunt ticsite cu cafenele și restaurante. Datorită climatului blând de care se bucură orașul, confortabilele terase ale acestora sunt deschise mare parte din an. Luminate de ghirlande, cele de pe Strada Vasile Alecsandri, care face legătura între Piața Unirii și Piața Libertății, sunt foarte populare.

The streets and squares of Timișoara are thronged with cafés and restaurants. Thanks to the city's mild climate, pavement cafés are open for a large part of the year. Lit by lighting chains, the street cafés on Strada Vasile Alecsandri, which connects Piața Unirii and Piața Libertății, are highly popular.

În mijlocul Pieței Libertății tronează o statuie a Sfintei Maria (1753-1756), realizată de sculptorii vienezi Blim și Wasswerburger. La picioarele Fecioarei se află Sfântul Ioan Nepomuk, martir praghez, considerat patronul catolicismului în Banat. Din ansamblul statuar fac parte și statuile sfinților Rochus, Carol Borromeu și Sebastian. Reliefurile de pe soclul monumemtului ilustrează scene din viața Sfântului Ioan Nepomuk.

In the middle of Piața Libertății stands a statue of the Virgin Mary (1753-6), by Viennese sculptors Blim and Wasswerburger. At the feet of the Virgin is the figure of St John Nepomuk, a martyr from Prague, regarded as the patron saint of Catholicism in the Banat. The monument also features the figures of Ss Rochus, Carolus Boromeus, and Sebastian. The relief sculptures on the plinth illustrate scenes from the life of St John Nepomuk.

Clădirea Primăriei Vechi, din Piața Libertății, a fost construită între anii 1731 și 1734, pe locul unei băi turcești din secolul al XI-lea. Fațada actuală, în stil eclectic, cu elemente clasiciste, a fost refăcută în 1853. Pe frontispiciu este zugrăvită o porțiune din zidul de palisadă al cetății turcești Timișoara, cu poarta prin care a intrat Prințul Eugeniu de Savoya, după capitularea turcilor.

The Old City Hall on Piața Libertății was built between 1731 and 1734 on the site of a Turkish bath dating from the eleventh century. The building's present-day eclectic front with classical details was created in 1853. The painting on the frontispiece shows a section of the palisade wall of the Turkish fortress of Timișoara and the gate through which Prince Eugene of Savoy entered after the Turks surrendered.

Amenajată probabil pe locul pieței orașului medieval, Piața Libertății concentrează unele dintre cele mai vechi construcții din oraș: fosta Cancelarie de Război (ridicată în 1727, astăzi aripa de est a Primăriei Vechi din 1731-1734) și Cazinoul Militar, construit între anii 1744 și 1775, în stilul baroc târziu, cu elemente în stil rococo. În 1924, în clădirea cazinoului a fost organizată Expoziția de trandafiri la care au fost prezentați pentru prima dată trandafiri negri și albaștri.

Probably laid out on the site of the city's mediaeval market, Piața Libertății is the site of some of Timișoara's oldest buildings: the former Chancellery of War (built in 1727, now the east wing of the Old City Hall, which dates from 1731-4) and the Military Casino, built between 1744 and 1775, in the late Baroque style with rococo features. In 1924, an exhibition of roses was held in the Casino, at which black and blue roses were shown for the first time ever.

Casa cu Atlanţi sau Casa Makri, construită în 1812 în stil neoclasic de un comerciant timişorean

The House of the Atlantides or Makri House, built in 1812 in the neoclassical style by a merchant from Timişoara

Numită în timpul administraţiei habsburgice Piaţa de Paradă, Piaţa Libertăţii este astăzi „sala de recepţii" a Timişoarei. Aici sunt amenajate târgurile de Crăciun şi de Paşte, sunt găzduite spectacole şi concerte şi tot aici se desfăşoară marile festivaluri ale oraşului.

Named the Parade Square during the Habsburg Empire, Piaţa Libertăţii is Timişoara's 'reception room'. It is here that Christmas and Easter markets are held, and it is also the venue for concerts and the city's major festivals.

Paginile următoare:
Piaţa Libertăţii – centrul Timişoarei medievale

Overleaf:
Piaţa Libertăţii: the heart of mediaeval Timişoara

Având un mozaic etnic şi confesional şi o comunitate studenţească numeroasă, Timişoara şi-a consolidat de-a lungul timpului reputaţia de loc care coagulează energiile creative. În ultimii ani, viaţa sa culturală a fost dinamizată de competiţia pentru titlul de Capitală culturală europeană, pe care a câştigat-o în 2023, sub sloganul „Luminează oraşul prin tine! "

Given its ethnic and religious mosaic and large student community, Timişoara has over the course of time consolidated its reputation as a place where creative energies coalesce. In recent years, the city's cultural life has been lent added dynamism by competing for the title of European Cultural Capital, which it won in 2023, with the slogan Shine your light! Light up your city!

În ultimul deceniu, Timişoara a descoperit dimensiunea socială şi economică a culturii şi marele său potenţial turistic.

In recent years, Timişoara has discovered the social and economic dimension of culture and its great benefits for tourism.

Cursa copiilor în competiţia de mare anvergură *Timişoara 21K*, care a înscris oraşul de pe Bega în rândul oraşelor importante din lumea sportului de masă.

The children's race, part of the large-scale Timişoara 21K contest, which has made the city one of the world's major destinations for sport for the masses.

Fostul han „La Trompetist" (1747; 1899), din apropierea Pieței Unirii. Numele vine de la proprietarul clădirii – maiorul Anton Seltman, trompetist în Armata Imperială.

Episcopia Romano-Catolică funcționează într-o clădire donată de către împărăteasa Maria Theresia. Elegantul edificiu baroc, cu un portal în stil rococo, datează de la jumătatea secolului al XVIII-lea.

The old At the Sign of the Trumpeter inn (1747, 1899), near Piața Unirii, was named after Major Anton Seltman, a bugler in the Imperial Army.

The Roman Catholic Bishopric is housed in a building donated by Empress Maria Theresa. The elegant Baroque edifice, with its elegant rococo portal, dates from the mid-eighteenth century.

Casa Prinţului Eugeniu, ridicată în anul 1817 pe locul Porţii Forforosa, prin care pe 18 octombrie 1716 Eugeniu de Savoya a intrat în Cetatea Timişoara, alungându-i pe otomani. În medalionul de deasupra intrării principale se află o copie a unei reprezentări naive a porţii Forforosa.

The House of Prince Eugene, built in 1817 on the site of the Forforosa Gate, through which Eugene of Savoy entered the Fortress of Timişoara on 18 October 1716, having driven out the Ottomans. In the medallion above the main entrance there is a copy of a naïve depiction of the Forforosa Gate.

Mărturii ale asediului turcesc sunt tunurile îngropate cu gura în jos la intrarea principală de la Casa cu Atlanţi (Strada Victor Vlad Delamarina nr. 1).

Bearing witness to the siege are the Turkish cannons buried mouth downward by the main gate of the House of the Atlantides (No. 1, Strada Victor Vlad Delamarina).

Palatul Dejan (sau Deschan) a fost ridicat în anul 1735 de consilierul Camerei Aulice Ungare Anton de Jean (Deschan), de origine franceză. Clădirea în stil neoclasic francez a fost extinsă și supraetajată în 1802. În curtea palatului a fost deschis primul bazar din Timișoara, iar la primul etaj, în 1830, și-a deschis porțile primul cazinou din oraș. În prezent găzduiește spații comerciale.

The Deschan Palace was built in 1735 by Frenchman Anton de Jean (Deschan), a counsellor to the Hungarian Court Chamber. The building, in the French neo-classical style, was extended in 1802, with an upper storey being added. In the courtyard of the house, Timișoara's first bazaar was opened, and in 1830, the city's first casino opened its doors. Today it houses shops.

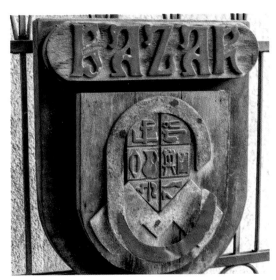

Mai multe străzi din centrul istoric au fost transformate în zone pietonale, clădirile care le încadrează au fost restaurate şi viaţa comercială a renăscut. Au apărut magazine cochete şi numeroase cafenele şi restaurante.

Paginile următoare:
Amenajată la sfârşitul secolului al XIX-lea, după demolarea fortificaţiilor oraşului, Piaţa Victoriei (cunoscută şi ca Piaţa Operei) este flancată de clădiri emblematice.

Many streets of Timişoara's historic centre have been pedestrianised and their historic buildings have been architecturally restored and brought back to commercial life. Numerous boutiques, cafés, and restaurants have sprung up.

Overleaf:
Laid out at the end of the nineteenth century after the demolition of the city's fortifications, Piaţa Victoriei, also known as Piaţa Operei, is flanked by emblematic buildings.

De la balconul Palatului Culturii (Operei), pe 20 decembrie 1989, Timișoara a fost declarată primul oraș liber din România.

Hotelul Timișoara, primul hotel de 5 stele din oraș, ocupă clădirea construită în anii 1930 de arhitecții László Székely și Mathias Hubert pentru consorțiul Băncile Bănățene Reunite.

From the balcony of the Palace of Culture (the Opera), Timișoara was declared Romania's first free city on 20 December 1989.

The Hotel Timișoara, the city's first five-star hotel, dates from the 1930s and was originally the headquarters of the Banat Banking Consortium, designed by László Székely and Matthias Hubert.

Piața Victoriei, vegheată de Catedrala Mitropolitană. A doua cea mai înaltă biserică din România (90,5 m) și printre cele mai încăpătoare, poate adăposti peste 5 000 de persoane.

Fântâna cu pești (1957) din Piața Victoriei este un loc favorit de întâlnire pentru localnici.

The Metropolitan Cathedral overlooks Piața Victoriei. At almost 300 feet high, it is the second-tallest church in Romania and is also one of the most spacious, with room for more than 5,000 worshippers.

The Fish Fountain (1957) on Piața Victoriei is a favourite local meeting place.

Palatul Culturii adăposteşte în spatele controversatei faţade în stil fascist, reconstruite în 1933 de arhitectul Duiliu Marcu (în locul celei în stil eclectic istorist, concepute în a doua jumătate a secolului al XIX-lea de reputaţii arhitecţi F. Fellner şi H. Helmer), Opera, Teatrul Naţional, Teatrul German de Stat şi Teatrul Maghiar Gergely Csiky.

The Palace of Culture is home to the Timişoara Opera, National Theatre, German State Theatre, and Gergely Csiky Hungarian Theatre. Its original eclectic, historicist façade, designed in the mid-nineteenth century by F. Fellner and H. Helmer, was controversially rebuilt in the fascist style by architect Duiliu Marcu in 1933.

Clădirea în stil eclectic cu elemente Secession a Palatului Lloyd (1910-1912), din Piața Victoriei, adăpostește Rectoratul Universității Politehnice Timișoara. Fostul sediu al Bursei Agricole, Palatul Lloyd a fost realizat după planurile arhitectului Leopold Baumhorn pe spezele Societății Lloyd, înființată în 1866 de reprezentanții fermierilor și ai comercianților de cereale din Banat. Restaurantul care funcționează la parter a fost deschis în 1912.

The magnificent Lloyd Palace (1910-12) on Piața Victoriei is home to the Rectorate of the Timișoara Polytechnic University. The old Agricultural Exchange, an eclectic building with Secession features, designed by Leopold Baumhorn, was built at the behest of the Lloyd Company, founded in 1866 by representatives of the Banat's cereal farmers and dealers. The ground-floor restaurant dates from 1912.

Somptuosul Palat Széchenyi, construit între anii 1900 şi 1914, după planurile arhitectului László Székely, se înalţă pe latura vestică a Pieţei Victoriei, numită Corso. În această clădire s-a aflat biroul celebrului arhitect László Székely, unde a făcut practică Michael Wolf, unul dintre cei mai importanţi arhitecţi ai Timişoarei în perioada interbelică.

Librăria Cărtureşti din Piaţa Victoriei, un spaţiu dedicat lecturii şi socializării

The splendid Széchenyi Palace, built between 1900 and 1914 to designs by László Székely, dominates the west side of Piaţa Victoriei, known as the Corso. It was here that famous architect László Székely had his offices, and here that Michael Wolf, one of the most important architects of inter-war Timişoara, served his apprenticeship.

The Cărtureşti Bookshop on Piaţa Victoriei is a place for both reading and socialising.

Catedrala Mitropolitană din Timișoara a fost construită între anii 1936 și 1946, după planurile arhitectului Ion Traianescu, în stil moldovenesc, cu elemente eclectice. Picturile interioare și exterioare au fost executate de pictorul Atanasie Demian.

The Metropolitan Cathedral was built between 1936 and 1946 and was designed by architect Ion Traianescu in the Moldavian style, incorporating eclectic features. The interior and exterior frescoes are by Atanasie Demian.

Unul dintre elementele distinctive ale Catedralei Mitropolitane din Timișoara este acoperișul de țiglă smălțuită, în culorile drapelului național, pe un fond verde.

One of the distinctive features of the Metropolitan Cathedral is its roof of enamelled tiles in the colours of the national flag against a green background.

Palatul Camerei de Comerț, construit în 1930, după un proiect semnat de László Székely

The Palace of the Chamber of Commerce, built in 1930, was designed by László Székely.

Palatul Löffler (1912-1913) din Piața Victoriei, construit pentru familia negustorului de cereale Jacob Löffler, după planurile unuia dintre fii săi, arhitectul Leopold Löffler. Sculpturile de pe fațadă au fost realizate probabil de Géza Rubletzky. Pe frontonul dinspre Operă al palatului se mai văd urme de gloanțe din 17 decembrie 1989, primele zile ale Revoluției.

The Löffler Palace (1912-13) on Piața Victoriei, built for cereal merchant Jacob Löffler, was designed by one of his sons, architect Leopold Löffler. The sculptures on the façade were probably made by Géza Rubletzky. On the side facing the opera can still be seen bullet holes from 17 December 1989, one of the first days of the Romanian Revolution.

Aleea de pe latura dreaptă a Pieței Victoriei, odinioară loc de promenadă pentru lumea bună, se numește Corso, iar cea de pe latura stângă a pieței, unde se plimbau tinerii și muncitorii, se numește Surogat de Corso sau Surogat.

The lane on the right side of Piața Victoriei, where the city's beau monde once promenaded, is called the Corso, while the lane on the left of the square, where the young and the working class strolled, is called the Corso Surrogate, or the Surrogate for short.

Statuia *Lupoaica cu puii*, o copie a celebrei Lupa Capitolina, dăruită Timișoarei în 1962 de către Primăria Romei, ca un simbol al latinității care unește popoarele român și italian.

The She-wolf and Cubs statue, a copy of the famous She-wolf of the Capitol, was given to Timișoara in 1962 by the City of Rome as a symbol of the Latinity that unites the Romanian and Italian peoples.

Monumentul închinat filantropului bănăţean Anton Sailer (1820-1904), realizat de sculptorul Miklós Ligeti

The monument to Banat philanthropist Anton Sailer (1820-1904), designed by sculptor Miklós Ligeti

Complexul fostului Liceu Piarist a fost construit între anii 1908 şi 1909 în stil Secession, conform proiectului lui László Székely – primul arhitect-şef al Timişoarei. În prezent găzduieşte Liceul romano-catolic Gerhardinum.

The Piarist Lycée, built in the Secession style in 1908-9 and designed by László Székely, Timişoara's architect-in-chief, is now the Roman-Catholic Gerhardinum Lycée.

Biserica Piariștilor a fost ridicată între anii 1908 și 1909, pe locul unei biserici franciscane de secol XVIII, din care integrează câteva elemente. Turnul înalt, flancat de doi contraforți falși, creează un contrast interesant cu volumele masive ale clădirilor învecinate.

The Piarist Church was built in 1908-9, on the site of a Franciscan church from the eighteenth century, a few elements of which it incorporates. The tall tower flanked by two faux buttresses creates an interesting contrast with the massive volumes of the adjacent buildings.

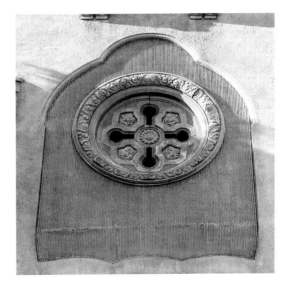

Primăvara, aleea din spatele Catedralei Mitropolitane, încadrată de cireși japonezi, este cel mai frumos loc de plimbare din Timișoara.

In spring, the lane behind the Metropolitan Cathedral, framed by Japanese cherry trees, is Timișoara's most beautiful place for a walk.

Castelul Huniade, construit între anii 1307 și 1315 la ordinul lui Carol Robert de Anjou, căruia i-a servit o perioadă drept reședință regală, și refăcut de Iancu de Hunedoara, care a locuit aici cu familia. A căpătat forma actuală în 1856 și adăpostește secțiile de istorie și științele naturii ale Muzeului Banatului.

The Huniade Castle, built between 1307 and 1315 at the orders of Charles Robert of Anjou, whom it served as a royal residence for a time, and rebuilt by Janco of Hunedoara, who lived here with his family. It acquired its present form in 1856 and houses the history and natural sciences sections of the Museum of the Banat.

În apropierea Bastionului Maria Theresia, la colţul unei case situate la intersecţia străzilor Francesco Griselini şi Proclamaţia de la Timişoara, se află o copie a Pomului Breslelor (1828), un butuc plin de cuie şi şuruburi bătute de calfele care se întorceau acasă după anii de ucenicie la meşterii din Imperiu. Originalul se păstrează la Muzeul Banatului.

Near the Maria Theresa Bastion, at the corner of a building at the junction of Strada Francesco Griselini and Strada Proclamaţia de la Timişoara, can be seen a copy of the Guilds Tree (1828), a stump bristling with nails and screws knocked into it by journeymen returning after serving apprenticeships in the Empire. The original is kept in the Museum of the Banat.

În Piața Sf. Gheorghe, arheologii au scos la lumină ruinele unei moschei de la mijlocul secolului al XVI-lea, construite în cinstea sultanului Suleyman Magnificul, și zidurile Bisericii Sfântul Gheorghe, construită în secolul al XVIII-lea. Statuia Sfântului Gheorghe în luptă cu balaurul (1996), realizată de artista Silvia Radu, comemorează eroii-copii uciși în decembrie 1989.

In St George Square, archaeologists have unearthed the remains of a mosque from the mid-sixteenth century, built in honour of Suleyman the Magnificent, and the walls of the eighteenth-century church of St George. The statue of St George slaying the dragon (1996) by Silvia Radu commemorates the children killed during the 1989 Revolution.

Deep6Project, într-un show incendiar, cu personaje inspirate din istorie, dar și din povești și legende

Deep6Project, an incendiary show featuring characters inspired by history and legends

În cadrul festivalului dedicat sărbătoririi centenarului Marii Uniri din 2018, Hrafnabrœðr (Frații Corbi) au reconstituit în Piața Sfântul Gheorghe momente istorice, pe muzica menestrelilor Peregrinii.

At the festival celebrating the centenary of the Great Union of 2018, Hrafnabrœðr (The Brothers Raven) reconstructed historic moments in St George Square to the musical accompaniment of the Pilgrims minstrels.

Monumentalul Palat Dicasterial (1855-1860), construit ca sediu al guvernului Țării de Coroană Banatul Timișorean și Voievodina Sârbească, găzduiește în prezent mai multe instituții juridice. Edificiul în stil romantic, cu elemente de renaștere toscană, impresionează prin proporțiile uriașe. Mult timp a fost cea mai mare construcție din Timișoara.

The massive Dicasterial Palace (1855-60), built to house the government of the Crown Land of the Timișoara Banat and the Serbian Voivodina, is now home to a number of legal institutions. The building, Romantic in style, with Tuscan Renaissance features, is impressive for its hugeness. It was for a long time the largest structure in Timișoara.

Primăria Timişoarei funcţionează într-o elegantă clădire proiectată în 1914 de László Székely pentru Şcoala Superioară de Comerţ. Faţadele, în stil neoromânesc eclectic, au fost redecorate de către arhitectul Adrian Suciu, un deceniu mai târziu.

Palatul Băncii Naţionale (1903-1904), ridicat după planurile arhitectului Josef Hubert. Maiestuoasa sa faţadă îmbină elemente specifice barocului vienez târziu şi stilului Secession. Capetele de lei semnifică puterea şi bogăţia.

Timişoara City Hall is housed in an elegant building designed by László Székely in 1914 for the Upper Trade School. The neo-Romanian eclectic façades were redecorated by architect Adrian Suciu a decade later.

The Palace of the National Bank, built in 1903-04, was designed by Josef Hubert. Its majestic façade combines features specific to the late Viennese Baroque and the Secession style. The lions' head signify power and wealth.

Colegiul Național Constantin Diaconovici Loga (*stânga*) și Colegiul Național Pedagogic Carmen Sylva (*dreapta*), construite între 1902 și 1903

The Constantine Djakonovic Loga National College (left) *and the Carmen Sylva National Pedagogical College* (right) *(1902-03)*

Fabrica de bere Timișoreana, cu o tradiție din 1718, ilustrează vechiul profil industrial al cartierului Fabric.

The Timișoara Brewery, which dates back to 1718, is typical of the old Fabrik industrial quarter.

Clădirea Abatorului (1904-1905), construită după planurile arhitectului László Székely, pe un teren situat între cartierele Fabric și Elisabetin

The Abattoir (1904-05) was designed by László Székely and built on a site between the Fabrik and Elisabetin quarters.

Bastionul Maria Theresia, situat inițial în partea de est a cetății, iar astăzi aproape în centrul orașului, este singurul păstrat din fortificațiile construite de austrieci în secolul al XVIII-lea în cetatea Timișoarei. În prezent găzduiește mai multe instituții culturale, printre care Compartimentul Arte-vizuale al Muzeului Național al Banatului.

The Maria Theresa Bastion, which originally lay to the east of the fortress, is near the centre of the present-day city. It is the only part of the eighteenth-century Austrian-built fortifications that remains. It houses a number of cultural institutions, including the Visual Arts Department of the National Museum of the Banat.

Biserica ortodoxă Nașterea Maicii Domnului, ridicată în anul 1936, domină Piața Alexandru Mocioni din cartierul Iosefin.

The Orthodox church of the Nativity of the Mother of God, built in 1936, dominates Piața Alexandru Mocioni in the Josephine quarter.

Sinagoga din Cetate a fost construită între anii 1863 și 1865 pentru comunitatea evreiască din zonă, care la jumătatea secolului al XIX-lea număra 100 de familii. Realizată după un proiect semnat de arhitectul vienez Carl Schumann, impresionează prin fațada sa în stil eclectic, cu elemente maure.

The Fortress Synagogue was built in 1863-5 in the city's Jewish quarter. In the mid-nineteenth century, the Jewish community numbered one hundred families. Designed by Viennese architect Carl Schumann, the synagogue is striking for its eclectic style and Moorish details.

Palatul Societății de Hidroameliorări Timiș-Bega sau Palatul Apelor, de pe Bd. 16 Decembrie 1989 nr. 2, tronează la intrarea în cartierele Iosefin și Elisabetin. Monumentala clădire în stil eclectic, cu elemente neobaroce, neoclasice și Secession, a fost ridicată în 1901.

The Palace of the Timiș-Bega Water Improvement Company, or the Water Palace, at No. 2 16 December 1989 Boulevard, dominates the Josephin and Elisabetin quarters. Designed in the eclectic style with neo-Baroque, neoclassical and Secession features, it was built in 1901.

Porțile și ușile clădirilor timișorene ridicate la sfârșitul secolului al XIX-lea și începutul secolului XX sunt veritabile opere de artă. Realizate din lemn, în forme grațioase, sunt decorate cu piese de feronerie care imită forme vegetal-florale și încadrate de ghirlande și mascaroane, care reprezintă zeități florale din mitologia clasică greco-romană, modelate din stuc sau din teracotă.

The gates and doors of buildings from the late-nineteenth and early-twentieth centuries are true works of art. Carved from wood in flowing lines, they are decorated with wrought iron floral and vegetal motifs and framed with garlands and masks representing the floral deities of Greco-Roman mythology, modelled from stucco or terracotta.

Piaţa Plevnei din Cartierul Elisabetin este încadrată de elegante clădiri Secession, ridicate în primele decenii ale secolului trecut. În parcul din mijlocul pieţei, cu tei, corcoduşi roşii şi salcâmi, se află monumentul comemorativ al lui Gheorghe Doja, liderul răscoalei ţărăneşti din 1514.

Piaţa Plevnei in the Elisabetin quarter is flanked by elegant Secession-style buildings from the first decades of the twentieth century. In the park of linden trees and acacias in the middle of the square there is a monument commemorating Gheorghe Doja, the leader of the peasant uprising of 1514.

Detaliu de pe faţada Casei Emil Szilárd (1904-195) din Piaţa Plevnei

Detail of the façade of the Emil Szilárd House (1904-05) on Piaţa Plevnei

Sculpturi grațioase, ghirlande, mascaroane, medalioane și împletituri elegante decorează fațadele clădirilor din cartierele istorice ale Timișoarei. Floarea soarelui – detaliu de pe Casa Marx Dezső (Piața Plevnei nr. 4) – , unul dintre cele mai frumoase ornamente, apare atât pe frontoane, în frize și ancadramente simple, cât și în buchete sau ca podoabe ale unor figuri feminine, în compoziții elaborate.

Graceful carvings, garlands, masks, medallions decorate the fronts of the buildings in Timișoara's historic quarters. The sunflower—a detail from the Marx Dezső House, No. 4, Piața Plevnei—one of the most beautiful of these ornaments, can be found on frontons, friezes, and frames, as well as in bouquets or in the adornments of female figures in elaborate compositions.

Monumentul Sfintei Maria a fost ridicat în 1906 pe locul unde, se spune, a fost torturat și executat Gheorghe Doja, conducătorul răscoalei țărănești din 1514. Baldachinul poartă semnătura lui László Székely, iar statuia Mariei a fost realizată de sculptorul György Kiss.

Palatul Comunității Reformate, unde se afla reședința pastorului László Tőkés, a cărui încercare de evacuare în decembrie 1989 a generat mișcarea populară din Timișoara, punctul de pornire al Revoluției anticomuniste române

The monument to the Virgin Mary was erected in 1906 on the site where Gheorghe Doja, the leader of the peasant uprising of 1514, is said to have been tortured and executed. The baldaquin is by László Székely, and the statue of the Virgin Mary was made by sculptor György Kiss.

The Palace of the Reformed Community, which was the residence of pastor László Tőkés, the attempt to evict whom in December 1989 sparked the demonstrations in Timișoara that led to the 1989 Romanian Revolution

Baia Publică Neptun, construită între 1912-1914 după proiectul arhitectului László Székely

The Neptune Public Baths, built in 1912-14 and designed by László Székely

Podul Decebal (1908), care face legătura între Cetate și Fabric, a fost la momentul realizării podul pe grinzi de beton armat cu cea mai mare deschidere din Europa. Proiectul, realizat de arhitectul Albert Kálmán Körössy și inginerul Mihailich Győző, a obținut Diploma de onoare la Expoziția Internațională de la Paris din anul 1910.

The Decebal Bridge (1908), linking the Cetate and Fabrik quarters, was the longest bridge in Europe to use reinforced concrete girders when it was inaugurated. Designed by architect Albert Kálmán Körössy and engineer Mihailich Győző, it was awarded a Diploma of Honour at the Paris International Exhibition of 1910.

Biserica Millennium (1896-1901), cea mai mare biserică romano-catolică din Timișoara, a fost ridicată cu prilejul sărbătoririi a 1000 de ani de la creștinarea regelui Ștefan I al Ungariei.

The Millennium Church (1896-1901), the largest Roman-Catholic church in Timișoara, was built to celebrate the one thousandth anniversary of the baptism of King Stephen I of Hungary.

Poarta Parcului Regina Maria, cel mai vechi parc al Timișoarei, a fost proiectată de prolificul arhitect László Székely.

The gate of the Queen Maria Park, the oldest park in Timișoara, was designed by the prolific László Székely.

Palatul Ștefania sau Casa cu Maimuțe, din cartierul Fabric, a fost construit în 1909 după planurile arhitectului-șef al Timișoarei, László Székely. Se spune că urșii și maimuțele antropoide care decorează fațada ar fi fost realizate de meșterii pietrari în semn de răzbunare pe consilierii locali, care i-au angajat să îi sculpteze, dar nu i-au plătit cât și-au dorit.

The Stephanie Palace or House of the Monkeys in the Fabrik quarter was built in 1909 and designed by László Székely. It is said that the bears and human-looking monkeys that decorate the façade were carved by the stonemasons in revenge when the local council did not pay them the agreed fee.

Finialele (giruete, caducee ş.a.) care împodobesc vârfurile acoperişurilor multor palate timişorene sunt adevărate bijuterii. La fel şi statuile, precum Mercur de pe Palatul Mercur (*dreapta*), din Piaţa Traian, şi străjerul cu vechea stemă a Timişoarei pe scut, de pe Palatul Ştefania (*pagina alăturată*) din Piaţa Romanilor.

The finials that adorn the rooftops of many of Timişoara's palaces are real jewels. So too are statues such as the Mercury on the Mercury Palace (right) on Piaţa Trajan, and the watchman with the old arms of Timişoara on his shield that can be seen on the Stephanie Palace (adjoining page) on Piaţa Romanilor.

Biserica Sârbă Sf. Gheorghe (1745-1748) și Casa Comunității Sârbe (1895) din Piața Traian, cartierul Fabric

The Serbian Church of St George (1745-48) and the Serbian Community House (1895) on Piața Trajan, Fabrik quarter

Intrarea și detaliu de pe acoperișul Farmaciei Kovács din Palatul Antal Nägele din Fabric, cartierul care în urma proiectelor de planificare urbană din perioada 1880-1910 a devenit o rezervație de arhitectură Secession.

Entrance and detail of the roof of the Kovács Pharmacy, Antal Nägele Palace, Fabrik quarter. Fabrik became a showcase for Secession architecture thanks to urban planning works carried out from 1880 to 1910.

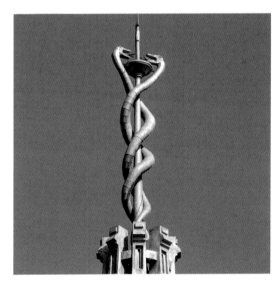

Primul canal navigabil construit pe teritoriul actual al României, Canalul Bega (1732; 116 km, dintre care 44 km în România), care face legătura între Timișoara și orașul Titel din Serbia, este indiscutabil una dintre atracțiile Timișoarei. În sezonul cald, între Centrala Hidroelectrică și Podul Modoș (Freidorf) circulă vaporașe.

The first navigable canal in what is now Romania, the Bega (1732), which links Timișoara to Titel in Serbia, stretches for 116 km, 44 km of which are in Romania, and is undeniably one of Timișoara's chief attractions. In summer, pleasure craft ply the canal between the Hydroelectric Plant and the Modoș (Freidorf) Bridge.

În zilele însorite, timișorenii iau cu asalt promenada de pe malul Canalului Bega și parcurile orașului, care au alei largi, dar și poteci secrete, piste de biciclete, colțișoare romantice, locuri de joacă și terenuri de sport. În Parcul Rozelor există o bază sportivă de volei pe plajă care găzduiește și competiții de amploare.

On sunny days, locals flock to the promenade on the bank of the Bega and the city's park, which have both broad avenues and secret paths, bicycle lanes, romantic nooks, playgrounds, and sports facilities. In Roses Park there is a beach volleyball complex that is also a venue for major competitions.

Datorită numeroaselor spaţii verzi, frumos amenajate, Timişoara este supranumită Oraşul Parcurilor. Parcul Central Anton von Scudier, Parcul Catedralei, Parcul Rozelor, Parcul Andrei Mocioni şi Parcul Regina Maria tivesc malul Begăi în zona centrală. Parcul Rozelor, în care cresc aproximativ 600 de soiuri de trandafiri, este scena centrală a Zilei Trandafirului, sărbătorită în ultima joi a lunii mai.

Timişoara is renowned as a city of parks, thanks to its beautifully maintained green spaces. The Anton von Scudier Central Park, Cathedral Park, Roses Park, Andrei Mocioni Mark, and Queen Maria Park line the banks of the Bega in the centre of the city. Roses Park, where more than six hundred varieties of rose can be found, is the venue for the Day of the Rose, celebrated on the last Thursday of May every year.

Cu o scenografie urbană compusă din vaste ansambluri arhitecturale, care evidenţiază mai multe straturi stilistice, şi un potenţial extraordinar în domeniul culturii, datorită mozaicului său etnic şi confesional, Timişoara este unul dintre cele mai frumoase oraşe din România. Plin de vitalitate, oraşul de pe Bega, râu care a protejat-o, i-a deschis drumurile spre Europa şi astăzi îi oferă loc de plimbare şi distracţie, priveşte cu speranţa spre viitor.

With a cityscape made up of extensive areas of historic architectural importance featuring numerous styles and its outstanding cultural potential, deriving from its ethnic and religious mosaic, Timişoara is one of Romania's most beautiful cities. Overflowing with vitality, the city on the Bega, the river that both protected it and opened up the way to rest of Europe, is today a place of recreation and entertainment that looks to the future full of hope.